Pascal Faivre-Rossi

Poèmes

« Tu n'es plus là où tu étais
mais tu es partout où je suis. »

Victor Hugo

À mon grand-père.

Pascal Faivre-Rossi était un poète né avec un grand cœur. Il aimait la vie, il vivait chaque instant avec ses malheurs et ses tristesses. Il aimait nous faire voyager et nous faire rêver à travers ses poèmes écrits avec amour. Il n'est plus là. Il a rejoint l'Orient éternel. Son sourire, sa gentillesse, son esprit chevaleresque resteront gravés pour toujours dans nos cœurs. Pascal Rossi, le Corse, on ne t'oubliera pas, repose en paix.

Né le 11 juin 1952 à Paris, après avoir vécu une partie de sa vie sur le continent, il a retrouvé la Corse pour sa retraite. Mais il n'a pas pu profiter de son île ; son seul et unique amour, « Corse, île d'amour ».

ξ

À mon grand-père

Assis, las,
harassé par le temps ;
seul le vieillard attend.

Il se morfond
les poings serrés,
il voit s'ouvrir l'éternité.

Dans l'âtre où le feu danse,
le sien n'est plus qu'un tas de braises
que chaque souffle consume peu à peu.

Il gémit puis s'apaise.

ξ

Janvier 1980

9

ξ

Ambiance

Un matelas céleste si bas,
descendait du Karthala
avec la lune sur le toit.
Nous étions allongés ;
lit à baldaquin couronné de voilages.
Attendant le sommeil,
un livre à la main, aux sons des rats
qui jouaient sous le toit.

ξ

Avril 1998

ξ

Amour

Amour d'une femme,
mystère d'une âme.
Amour de ses enfants,
absence de raisonnement.
Amour de ses proches,
principes de mioches.
Amour de ses amis,
le besoin d'une envie.
Amour pour les hommes,
survie même de l'Homme.
Amour de son pays,
le refus de l'oubli.
Amour pour les arts,
créations de nos regards.
Amour de la nature,
la crainte du futur.

ξ

Mai 1984

Angleterre

Ce jour-là,
ce ne furent pas des papions,
non, des papillons qui s'échappèrent de la maison.
Ailes délicates sorties de secrètes chrysalides,
devant les yeux écarquillés d'un mangeur de bonbons.

Apprentis

∴

Tous dans l'ombre à trois pas de la pierre,
nous avons tous le même bloc rugueux,
Chacun de nous dans un silence de prière,
s'approche de lui à pas révérencieux.

Tous dans le silence de la carrière,
Tous ; ils assènent d'une laie de métal
des coups brefs et dosés sur la pierre
écaillant les angles vifs de la dalle.

Tablier sur le ventre pour les éclats
envolés sur le cuir par le ciseau,
La rugosité au fil du noviciat
s'estompe puis la pierre est à niveau.

La pierre angulaire devient cubique
parmi d'autres dans l'édifice fraternel,
Elle trouvera sa place alchimique
et bonifiera ce temple charnel

RER, mai 2016

∴

ξ

Au nord du Capricorne

Calédonie ou Kanaky
que tu es belle dans ton lit.
Il me suffira de peu de nuits,
pour qu'un jour, je sois séduit.
Tu les aimes bien trop ces hommes
et veux avec tous, croquer la pomme.
Ménages les, Nouméa n'est pas Rome.
Tu les rends fragiles lorsqu'ils te consomment.
Ne sois pas qu'amante et passionnée,
saches être mère, les raisonner.
Tu as bien deux seins à leur donner
à ces enfants qu'il te faut élever.
Apporte leur amour et affection
à tous ces rejetons sans concession,
lorsqu'ils se disputent avec obstination.
Apprends leur à se préserver de toutes passions.
Ne les laisses point partir à la dérive.
De la famille, qu'ils sachent où sont les rives.
Cache leur égoïsme et apprends leur à vivre.

ξ

Juin 1989

ξ

Benim Odalik

Pourrais-je un jour ouvrir ces petits yeux ?
pour toi mon amour je fermerais les miens.
Mon Odalisque blonde pour percevoir mieux,
la vie qui t'entoure et oublier ce vaurien.
J'aimerais t'élever à de nouvelles pensées.
Ôter ce voile menaçant et dévastateur ;
voile recouvrant ton minois et ta liberté,
ôter ce vénéneux martyrisant ton cœur.
Ta renaissance sera longue et courageuse.
Ton nouveau chemin t'apportera la lumière
et Celle qui était chétive et comateuse
deviendra rayonnante et familière.
Dans l'écume étincelante de ton sillage,
d'autres te suivront quittant les sultanats.
Ces Sirènes prendront le large sans voilage
et Quitteront le bateau des scélérats.

ξ

Avril 2017

15

ξ

Ce que je m'écris

La rupture sentimentale n'est pas une maladie, c'est une chose aussi naturelle que de grandir, de perdre ses parents ou ses dents de lait.
Elle fait partie des possibilités que l'on doit garder à l'esprit, « comme l'on garde une poire pour la soif », ce qui laisse une chance de la prévenir et de la contrôler.
Si l'identité sociale est forte : « j'étais le mari de madame » ou « la femme de Monsieur », il ne faut pas pour autant fuir la réalité cachée de notre personnalité, de nos envies, de nos besoins, de nos projets, de notre philosophie de la vie.
Un échec sentimental est peut-être le signe d'un déséquilibre entre toutes ces dimensions ou la surenchère de l'une d'elles.
On souffre, on réagit, on rebondit et la relation sentimentale suivante bénéficiera de l'échec précédent.
Soit le quotidien était riche et ce qu'il en reste aide à affronter la séparation, soit il était pauvre et seule la relation sentimentale permet de l'endurer. Alors ; suis le vent, affronte la tempête puis de lauriers couronnent ta tête et passe sans souci.

Juin 2012

ξ

Chanson d'un père

Bastien malin,
Bastien coquin.
Bastien Tintin,
Bastien le tien.
Bastien apôtre,
Bastien le nôtre.
Bastien satin,
Bastien coussin.
Bastien câlin,
Bastien le tien.
Bastien l'apôtre,
Bastien le nôtre.
Bastien tordu,
Bastien perdu.
Bastien vertu,
Bastien vendu.
Bastien apôtre,
Bastien le nôtre

ξ

Décembre 1980

Chemins de Femme

Petit bébé aux sourires d'ange,
La protégée belle dans ses langes.
Jupes plissées, adolescente,
Cheveux frisés et arrogante.
Robes longues et corsages,
Virevoltante et non sage.
Puis tu l'as trouvé ce Prince,
Chevalier de sa province.
Généreuse tu as aimé...
Têtes blondes à éduquer.
Ce miroir maladroit,
Reflète le temps de tes émois.
Fin d'une lignée, toute courbatue,
Tu pars heureuse et invaincue.

P. F   Juillet 2003

Oh si belle à travers les âges, reste la flamme de notre courage

ξ

Chers humains

le bien, le mal.
Le blanc, le noir.
L'Homme, la Femme.
Économie, environnement.

La dualité semble évidente dans notre monde.
Un allèle changera-t-il la vision du moment ?
Naturellement l'Homme s'emploie à planifier.
Mais d'une uniformité, la vie ne serait que nudité.
Viendra le jour où nous serons en phase,
cette connaissance viendra sûrement d'ailleurs.
Chère dualité envieuse de consortium,
tendres parallèles désirant être sécantes.
Pour l'heure, nous sommes de gentils rêveurs,
Pourtant, elle est là, elle tourne et me laisse songeur.

ξ

Novembre 1996

ξ

Chimio

Tel est ton nom, toi personnage ambigu.
Brutalement ton napalm a avancé mon âge ;
qu'as-tu fait de moi femme fleur de ciguë ?
Me voilà vieillard à la peau de rocaillage ;
ton passage m'a marqué de sillons flasques.
Tu m'as transformé en écorché de Buffet.
Tu as muté un corps alerte et fantasque
en un champ de bataille de mon corps défait.
Mon corps est fébrile, sans joie et vénéneux ;
tous mes organes meurtris deviennent fagne.
Tout mon être se vide de liquides nauséeux ;
Je te hais femme et qui pourtant me soigne.

Octobre 2019

ξ

ξ

Chômage

Combien est lourd ce sentiment d'inutilité,
je n'en parle pas vis-à-vis de la société
simplement pour le moi de ma tête rongée.
J'avais depuis longtemps l'espoir d'une autre destinée.

Notre époque n'est pas faite pour les gens passionnés,
pourtant, j'aurais excellé dans ma spécialité.
Je pèche par orgueil, mais c'est là ma vérité.
Du reste, je n'ai jamais eu peur de travailler.

Ce ne sont pas le nombre de portes que j'ai enfoncées
qui vous feront dire : il se complaît dans l'oisiveté !
Non, le mal n'est pas là, il est à la faculté
ne répondant pas aux besoins de nos contrées.

La France est un pays aux grandes libertés,
mais beaucoup d'emplois sont encore attribués
aux gens des grandes écoles, tout juste sevrés ;
les responsabilités ne sont pas affaires de papiers.

Ne pensez pas que je sois las ou enragé.
Mon père m'a donné de quoi être obstiné.
Mais, déjà trente ans et un certain passé,
être étudiant à vie n'est pas pour me gâter.

ξ

Octobre 1975

ξ

Clin d'œil du Pacifique

Elles marchent ou elles attendent
sous la pluie aux senteurs de soleil.
Claquettes aux pieds, elles ondulent leurs vêtements bigarrés,
la hanche souple, le pas traînant.
Un sourire, une parole, elles cassent leurs reins
un bras naïf derrière la tête.
Elles viennent de nulle part et ne savent où elles vont.
Vous demandez votre chemin,
elles vous répondent avec les yeux.
Ne demandez pas l'heure, il fait jour où il fait nuit.
Elles se glissent dans une maison
se déclaquettant sur la terrasse.
Vont au jardin parler aux plantes, cueillir quelques citrons
ou chaparder des mangues.
Les enfants aux tee-shirts publicitaires rentrent de l'école ;
on s'assoit ou s'allonge, on palabre,
jamais on ne les gronde.
Le temps identique à lui-même berce les gens
d'une douceur suave appelant à la rêverie.

ξ

Septembre 1988

ξ

Comores

Il nous faudra un peu de temps,
cinq, dix voire cent ans.
Pour effleurer ce pays, jeune démocratie.
Plaisir de l'identité, refus de l'uniformité.
Fort à bras, il faudra le prouver.
Que l'on passe d'abord par l'intégrité
d'un jeune peuple érudit et en bonne santé.
Peuple de voyageurs forcés,
vivant l'attente d'un bateau arrivé.
Enfants de l'île, enfants de l'insulaire,
gardez votre sourire et votre accueil légendaire.
Mais ne négligez pas que la terre tourne
et que de ce point fixe de l'espace,
d'autres hommes vous regardent
et cherche à faire de cette pomme
une grande Pangée où tout le monde s'étonne.

ξ

Novembre 1997

∴

Compagnons

Où vas-tu de ce pas gai compagnon ?
Erres-tu ? As-tu perdu ton chemin ?
Divine providence ou belle intuition
que de te rencontrer au petit matin.

Moi, de ce pas je vais vers l'Occident
avec mes outils dans le balluchon.
Guidé par les astres et le couchant.
Descendant les vals, arpentant Les monts.

Moi, je vais allègrement vers l'Orient.
Mes guides sont l'étoile et le soleil.
Je passe les méridiens en étudiant,
et partout où je passe, je m'émerveille.

Faisons un bout de chemin ensemble.
Ce soir nous trouverons gîte et couvert
chez des frères ; là où ils se rassemblent
et leur raconterons notre tour de sphère.

∴

Mai 2016

ξ

Complainte d'amour

Sur mon île d'amour je paresse,
sur mon île d'amour je te caresse.
Du sable fin à la montagne
je promène mon destin
avec mon cœur posé sur ta main.
nous sommes là comme des gamins
les yeux éblouis devant tant de beauté,
laisse-toi aller sur cet écrin magique
laisse-toi aller sous ce pin lyrique.
laisse tes cheveux dans mes yeux
sous cette brise, c'est merveilleux.
tous nos sens s'éparpillent
dans ce rêve sans fin
Je vous aime toi... et mon île.
Notre amour ne peut que durer
car le temps pour nous s'est arrêté.

C'est si beau la vie pour nous
que dure, dure, ce moment fou.

Mai 2020

Couverts à poissons

Couverts rangés comme des truitelles alignées,
fario des montagnes dans de petits casiers.
Mouchetées et translucides prêtes à égoutter.
Dans cette nasse, elles n'iront pas à la rivière
mais s'éclabousseront dans l'eau d'un lave-vaisselle.

ξ

Enfance

Sur un bateau de nougatine,
de sucre d'orge sont nos rames.
Sur une rivière de chocolat,
nous voguons, empreints de charmes.

Offrez-nous des papas cadeaux
aux visages d'été tranquilles.
Offrez-nous des mamans gâteaux
aux cheveux printaniers d'avril.

Sur notre mer pâte d'amande,
elle serait là, sous le soleil.
Notre île pirate et gourmande,
nous abreuvant de sa treille.

Petits, laissez-nous petits,
Lorsque tout votre monde grandit.
Dévalisant notre paradis.
Du temps, un peu, pour nous les petits.

ξ

janvier 2007

ξ

Et glop et trotte

Et glop et trotte,
vous êtes la richesse du monde.
Et glop et trotte,
arrêtez ou je vous gronde.

Et glop et trotte,
laissez papa, laissez maman.
Et glop et trotte,
ils sont à nous assurément.

Et glop et trotte,
une friandise pour un sourire.
Et glop et trotte,
une mignardise pour un rire

Et glop et trotte,
ils sont bons tous ces bonbons.
Et glop et trotte,
Ne sautez pas comme des gibbons !

Suffit, suffit
petites pestes.
Et glop et trotte,
partez ou je vous fesse.

ξ

Mai 1993

ξ

Froid de Provence

Demain l'on traie les oliviers.
Belles olives qui glissent sous les doigts.
Et de l'olivier à la grive, il n'y a qu'un pas.
Et foi d'appelant, avant cette cueillette,
nous aurons tôt fait, d'en faire une cagette.

ξ

Janvier 1977

ξ

L'amour, c'est peut-être cela...

L'amour, c'est peut-être d'apprécier la chance
de l'avoir mis sur mon chemin.
L'amour, c'est peut-être d'être certain
que cette femme est unique au monde.
L'amour, c'est peut-être de ne voir
que sa silhouette au beau milieu de la foule.
L'amour, c'est peut-être de se sentir trop seul
même si l'on est bien entouré.
L'amour, c'est peut-être de voir en elle
tous ceux que les autres ne perçoivent pas.
L'amour, c'est peut-être de jeûner
quand tout le monde déguste autour de vous.
L'amour, c'est peut-être de s'ennuyer profondément
à une fête en votre honneur.
L'amour, c'est peut-être de se trouver
au milieu d'un temps inexorablement long.
L'amour, c'est peut-être de se trouver
au milieu d'un temps inexorablement court.
L'amour, c'est peut-être de donner sans hésitation sa vie
pour sauver la sienne.
L'amour, c'est peut-être le désir de construire
une restitution de moi à travers elle.
L'amour, c'est peut-être de la trouver encore plus belle
le matin à son réveil.
L'amour, c'est peut-être d'être heureux
de se moquer du temps à l'heure des rides.

L'amour, c'est peut-être le désir
de vouloir partir ensemble lorsque ce jour sera venu.

Octobre 2018

Gris Vert

Nul bruit en ce dimanche matin.
Seuls les oiseaux percent la lourdeur des nuages trop bas.
D'un pas traînant sur l'asphalte chaud, nonchalamment
Passe un passant les bras ballants.
L'air moite écrase ma poitrine.
Une sueur chaude colle ma chemise.
Halo diffus la lumière cotonneuse ne donne pas d'heure.
Le temps s'est arrêté.
Le ciel va égoutter ses éponges saturées.

Salina, l'île de Mario

L'île de Mario est face à la mer.
De par sa beauté douce-amère, elle masque la pauvreté d'un
petit peuple au ventre creux
habitant des maisons aux ocres doux.
Derrière eux, le sol est aride et les chemins sont cailouteux.
Les buissons et les arbustes sont d'un vert sec
qui va si bien au bleu.
Nulle plage, mais elle est bordée de falaises
chaussant des rochers ornés de galets.
Qu'elle soit écumante ou plate comme le miroir d'un lac,
la mer revendique sans cesse avec ses rouleaux et ses
vaguelettes ; roulant les galets en futurs grains de sable.
Sable de sablier égrainant le temps ; le temps de l'usure,
le temps de l'espoir, le temps du renouveau.
Mer qui ramène sur la grève les esquifs verts et bleus avec des
pêcheurs aux filets tristes égouttant les larmes de Neptune.
Les femmes sur le rivage enlaçant des paniers d'osiers tressés
savent déjà aux visages ombrageux de leurs hommes ;
qu'aujourd'hui sera le même jour qu'hier.

Mais cette île est la richesse de la métaphore et de la poésie.

À Pablo

Avril 2016

33

∴

L'Orient éternel

Lorsque la chair quittera les os
ma vie défilera en un cours d'eau.
Je verrais la lumière dans le tunnel
qui grandira en s'approchant du ciel.
Je serais accompagné par des anges
souriant et chantant mes louanges.
Je verrais le monde d'un bleu intense,
ma famille recevant les condoléances.
Ce beau parterre pleurera en silence,
puis le temps effacera ma présence.

Septembre 2020

∴

ξ

La pluie

Nue, sèche et drue,
tu éclates sur le pavé
tes bourgeons métallisés
en mille pétales de rosée.

Mélancolique,
tu pleures et meurs dans tes limpides eaux,
entraînant dans ta mort ce que tu as de plus beau ;
le miroitement opaque d'un oiseau.

Légère et fine,
tu es la ballerine de soie cendrée
qui se livre à un ballet
entre l'azur et le marais.

ξ

Novembre 1968

ξ

La sieste, 13 heures, 27°

Tels des peignes, les cocotiers ondulent leurs palmes
aux rythmes des alizés.
La belle dort, corps marbré de soleil filtrant les
persiennes.
Mon cagou fait les cent coups,
comme son papa, il ne dort pas.
Notre salon est fin prêt, entièrement décoré
d'étagères mariellement agencées.
Notre tableau provençal trouve tout son éclat
Sur ces planches galonnées de vitraux.
Je n'entends plus mon lutin,
Je vais rejoindre mon Gauguin.

ξ

ξ

La vie

La vie n'est qu'un passage.
Qu'il faut combler au mieux
et par tous les âges,
le chemin est caillouteux.
La vie n'est que trop belle
avec ses typhons et ses océans bleus.
Alors, suis le vent,
affronte les tempêtes.
Puis de lauriers couronne ta tête
et passe sans souci.

ξ

Novembre 1968

ξ

Le bateau

Où es-tu ma famille, ma tendre famille,
tous, sur ce bateau si beau.
Mariant le ciel aux vagues en paix avec Neptune.
Sons harmonieux de sa coque sur l'écume.
Il semblait même que la mer le dessinait,
tant il était beau notre bateau.
Un jour, le ciel et la mer, dans leurs courroux
oublièrent leur esquif.
Les amis et nous écopâmes à tour de bras,
notre dernier récipient fut notre cœur.
La barre devenait folle.
Il gémissait, craquelait puis s'éventra.
Nous étions maintenant devant l'immensité
et une voix, au loin, nous criait :
si vous trouvez un rocher, agrippez-le de vos bras,
de vos mains, de vos doigts, de vos ongles.

ξ

Juin 1988

ξ

Le beau voyage

Longtemps j'ai erré aveugle et sans passion dans cette ville ;
cherchant des lumières et fuyant tous ces gens sciaphiles.

Je mis du temps dans ce dédale de rues à trouver cette gare,
car l'édifice est sobre et discret sur l'esplanade en surface.
L'intérieur est reposant, le décor invitait mes yeux hagards
et je dus faire un courrier sur le but de ce voyage hors classe.
Sur le quai s'étendaient trois longs wagons de tailles
différentes,
Le dernier était petit, le second moyen, grand était le premier.
Devant se trouvait une machine aux grandes roues irradiantes.
La dernière voiture avait une porte basse ornée de trois degrés ;
Je gravis les marches, relevai le buste et découvris des muets
qui baignaient dans une ambiance cliquetante de gravats
d'éclats.
Dans ce wagon Ils avaient tous un tablier, un ciseau, un maillet.
Je me joignis à eux, les regardais œuvrer et me mis à l'art Maya.

Nous roulions depuis des mois et le temps affinait notre
travail.
Une proposition nous fut faite par un homme de forte
stature ;
rencontrer une autre dimension de par cinq marches en
éventail.
Ainsi avec d'autres frères je rejoignis la deuxième voiture.
Cet atelier était plus calme, on caressait maintenant nos dés,
affûtant les angles, polissant la surface sans la moindre balêtre.

L'on s'exprimait maintenant avec calme, respect et sérénité.
Des matins nous descendions du train avec les plans des maîtres.
Sur des chariots, nous amenions nos pierres jusqu'au chantier.
Munis de leviers d'équerres et de niveaux, juste au millimètre nous les cimentions les unes aux autres d'une truelle affûtée.
Avec persévérance, nous étions devenus des maçons géomètres.

Dans la troisième voiture se tenait un long escalier en colimaçon.
Sept belles marches nous ont fait passer de l'équerre au compas ;
nous étions désormais sous les regards avides de tous les maçons.
Pour les plus jeunes nous étions devenus les guides de leurs pas ;
temple dont l'édification virtuelle nous demanderait toute une vie.
Libres et responsables de nos futures décisions prisent en séances ;
nous étions désormais tenus de propager le feu aux non instruits ;
feu de lumières à l'ombre de l'acacia où reposent les connaissances.
Le Maître est un Homme juste et fidèle au devoir jusqu'à la mort,
s'assurant de la pérennité et de la qualité des travaux dans la loge.
Les Maîtres répandent dans le temple les lumières de notre mentor,

avec gentillesse, simplicité, et respect tout au long du ménologe.

Devant se trouvait une machine aux grandes roues irradiantes dont le combustible était de la positive égrégore

Octobre 2018

Le doudou

Après un mois d'hôtel avec ma famille dans la ville de Nouméa, dénommée "la vitrine française du Pacifique"; j'avais trouvé en faisant du porte à porte une maison dont ma femme rêvait, une vieille maison coloniale.

Celle-ci datait des années 1890 et se situait vallée des colons rue Charleroi. Plantée sur un terrain gazonné sans clôture celui-ci arborait fièrement ses quatre cocotiers, des ibiscus, des massifs de fleurs de tiaré et quatre bananiers.

Cette maison faite de planches toutes blanches était un cube de dix mètres sur dix et coiffée d'un toit en tôles ondulées bleu turquoise.

Tout son pourtour à hauteur de plafond était galonné de petits vitraux multicolores. Un couloir partageait cette maison en deux avec d'un côté deux chambres et de l'autre une pièce à vivre qui prolongeait une petite cuisine. On pouvait passer le doigt à travers les cloisons tant cette maison était termitée et le sol craquait sous l'épaisse couche de linoléum. C'était une maison que l'on pouvait admirer sur les cartes postales ou les calendriers de la région.

Il y avait également un petit sous-sol desservi par un escalier lugubre et sans fin.

Là se trouvait initialement la partie réservée aux domestiques de la maison. Cette pièce unique peuplée de rats servait également à préparer les plats aux propriétaires des lieux ; la famille Boulanzou.

Le patriarche de soixante-dix-huit ans et sa femme avaient fait construire au bout de leur propriété une maison modeste mais suffisante et dotée d'un confort plus moderne.

Mais le pépé me confia qu'il quittait sa vieille maison à contrecœur.

Ce couple de « Caldoches » était d'une grande gentillesse et je passais de longs moments sur leur petite terrasse à écouter l'Histoire et les histoires de leur île.

Une histoire revenait souvent, celle de la dame blanche. Cette dame errait partout sur le territoire, elle hantait surtout la brousse et ses forêts de niaoulis mais certains témoins l'avaient même aperçu en ville.

Un habitant du quartier l'avait même prise en auto-stop un soir lorsqu'il rentrait chez lui. Il me raconta l'histoire avec de telles précisions et que l'on aurait cru que celle-ci s'était passée la veille.

Ce soir-là, il vit une femme d'un certain âge faisant de grands signes sur le bord de la route. Elle était drapée d'une espèce de sari tout blanc légèrement lumineux dans les phares de la voiture. En s'approchant lentement de son auto-stoppeuse, il remarqua les traits de son visage qui étaient d'une extrême pâleur. Il stoppa son véhicule et la personne s'engouffra à l'arrière de celui-ci. La seule phrase qui sorti de sa bouche fut l'adresse à laquelle le chauffeur occasionnel devait la déposer.

La passagère était silencieuse. Ce comportement aiguisa sa curiosité et machinalement il regarda son rétroviseur, le

manipula, l'orienta dans tous les sens et d'un coup les poils de
ses avant-bras se hérissèrent, son cœur s'accéléra et ses tempes
se mirent à battre la chamade. Il n'y avait personne à l'arrière.

Conduisant de façon robotisée, il arriva à l'adresse indiquée et
s'arrêta ; il y eut un bruit de portière et un bruissement de tissu
glissant sur la banquette.
Le front et les avant-bras sur le volant, il esquissa un regard
vers l'extérieur et il aperçut la dame ouvrant un portillon de
jardin et gravir les trois marches menant à la terrasse de la
maison. Je mis du temps à repartir me raconta-t-il, mes jambes
tremblaient et je n'arrivais plus à contrôler mes pieds sur les
pédales.

Cette nuit-là mon narrateur eut peu dormi. Au matin la raison
l'emporta et il décida de retourner sur les lieux, il reconnut la
maison. Il ouvrit le portillon, enjamba les trois marches et
actionna le carillon. Une jeune femme apparue, il lui conta son
histoire. La jeune femme médusée planta son hôte sur la
terrasse et revint quelques instants plus tard une photo à la
main.
« Monsieur, est-ce cette dame que vous avez conduite à la
porte de ma maison hier soir ? ».
« Il acquiesça d'une voix chevrotante ».
« Monsieur, si c'est une plaisanterie elle est de mauvais goût ;
ceci est la photo de ma mère, elle est décédée depuis dix ans ».

Cette histoire, sur le coup me glaça le dos surtout que le pays
connaissait beaucoup d'adeptes du boucan, de la magie noire
et de la magie blanche.

Mon esprit cartésien reprit vite le dessus ; notre cerveau nous joue parfois des tours me disais-je...

Les mois passèrent. Un soir, ma femme et moi étions affalés sur deux énormes poufs gonflés de billes de polystyrène, nous regardions la télévision.

D'où j'étais je pouvais voir le couloir de la maison par l'encadrement de la porte restée ouverte. Soudain mon regard se détourna et j'aperçus par l'ouverture de la porte un linge ressemblant au doudou d'un enfant passant rapidement dans le couloir. Celui-ci était à cinquante centimètres de hauteur et repassa furtivement une deuxième fois. Je me levais de façon énergique et allai jusqu'à la chambre de mes filles, elles dormaient comme de petits anges.

Je n'en parlais pas à mon épouse et commençais à me poser des questions. Je n'avais pas forcé sur le whisky et pouvais donc avec clairvoyance analyser la situation. La seule réponse que je trouvais à cette apparition fut sans doute le début d'un endormissement non conscient.

Quelques semaines plus tard, à la même heure, au même endroit, se déroula le même phénomène à la seule différence près, c'est que ma femme ce soir-là était sur mon pouf et moi sur le sien. Elle s'extirpa de son siège à billes, se retourna vers moi les yeux exorbités.

« Tu sais ce que je viens de voir ? »

« Oui, un doudou se promenant dans le couloir et se dirigeant vers l'escalier qui mène au sous-sol ».

J'étais debout avant d'avoir fini ma phrase et me précipitais pour prendre la lampe électrique cachée au fond du tiroir de la commode ; la curiosité était devenue plus forte que ma peur. Aux faisceaux de ma lampe, je descendis les escaliers quatre à quatre. Une fois dans ce sous-sol, j'avançais prudemment tout en récitant mentalement mes tables de multiplication. Cette partie de la maison n'avait rien à voir avec celle où nous vivions, j'avais l'impression de rentrer dans un nouveau monde. Je scrutais cette pièce en passant mes mains sur les murs recouverts de salpêtre pour prendre leur température et ausculter la moindre ouverture. Je finis par trouver ma vieille lampe à pétrole et l'allumai.

Je restais là un long moment à attendre. Attendre quoi, me disais-je ?

J'attendais que ce doudou revienne, qu'il se matérialise de façon plus compréhensible et pourquoi pas qu'il me parle comme l'avait fait la dame blanche à ce chauffeur circonstanciel. Une partie du sous-sol était condamnée par un mur, ce rez-de-chaussée ne faisait pas toute la surface de la maison, pourquoi ? N'était-ce qu'un vide sanitaire ou la demeure de quelqu'un d'autre ?

Mon esprit voyageur commença à m'enivrer et prit la décision d'aller me coucher.

Le lendemain, nous discutâmes sereinement de cet événement, il était clair que nous avions vu la même chose à quelques semaines d'intervalles.

Je décidais donc de mener une enquête auprès du pépé Boulanzou. Comment aborder la chose ? moi qui ne croyais pas aux fantômes mais seulement aux hallucinations. Le pépé muni d'un sabre d'abattis comme tous les matins désherbait accroupi son gazon tropical. Je l'abordais de façon banale et cherchais à l'orienter vers le but de mon problème. Allais-je passer pour un demeuré ? Allais-je passer pour quelqu'un ayant bien arrosé sa soirée ?

Peu importe, il fallait que j'en parle.

« Dis-moi, pépé, et toi, tu l'as vu la dame blanche ? »

« Non, mais des personnes sûres m'en ont parlé. »

Je lui racontais notre vision de la veille ; il resta dubitatif, leva la tête et me regarda étrangement comme si je venais de lui dévoiler un secret qui revenait à la surface.

Je réitérais en restant dans le monde l'étrange.

« Tu sais pépé, je crois que ce doudou est un enfant qui se promène dans la maison et il me paraît être de bonnes intentions ».

« À part le mien, il n'y a eu aucun autre enfant dans cette maison et mon fils est bien vivant ».

Je sentais que je l'agaçais et passai à des sujets de conversation plus terre à terre.

Mais je ne voulais pas en rester là et menais une enquête de voisinage. Les semaines passèrent et je n'avais pas d'éléments plausibles relatifs à cette affaire.

Finalement, c'est en discutant avec Mailou la nounou Kanak de mes filles que j'ai eu une bribe d'explication du moins au début de son récit, lorsqu'elle m'apprit que sa mère avait été la nounou du fils du pépé Boulanzou.

Au fur et à mesure que la confiance s'installait elle m'annonça que sa mère travaillait déjà dans cette maison. Et bien plus tard elle m'avoua qu'elle avait perdu une tante de la tuberculose.

Mais ce n'est pas tout, cette tante en fin de vie fut sortie de sa tribu d'origine et rapatriée sur Nouméa pour être finalement accueillie sous le toit de ce brave couple Boulanzou.

Cette adoption peu commune pour l'époque par la crainte du qu'en dira-t-on était peut-être la clef de mon enquête.

Une enfant était bien décédée dans cette maison et y faisait sa promenade de temps en temps.

Je compris maintenant pourquoi ce pépé Boulanzou avait fait construire une autre maison à l'autre bout de sa propriété, il m'avait loué une maison gentiment hantée.

juillet 1993

ξ

Le grand fleuve

Nées de névés blancs cristallins
goutte à goutte vers le soleil,
perles du ciel au pays tibétain
l'eau a jailli de leurs sommeils.

Vous mêlant à vos autres sœurs
vous glissez sur l'herbe verte,
les pierres vous font godilleurs
vos allures sont des plus alertes.

Vous roulez et pousse-cailloux
puis déplacez de gros rochers,
vous êtes violentes sans tabou
belles et tumultueuses irisées.

Unies reposées et sereines
vous êtes désormais rivière,
sur le limon passent vos traînes
les hommes ici vous vénèrent.

Que la force divine du ciel
portée par vous vienne à eux.
Ils se lavent, leur joie est belle
leurs cœurs ne sont plus noueux.

Ce chemin m'a rempli d'espoir
l'océan m'attend et va me noyer,
je suis en joie, adieu les déboires,
fleuve heureux allant vers l'incréé.

ξ

avril 2020

ξ

Le protégé

Tes joues sont marquées, creusées par les crues.
Ton chapeau à larges bords tente de les cacher ;
Tavignanu, Restonica les ont lentement mordues.
Fils de muletier, ton père suait des jours entiers.
Fils de la vigne, ton père zappait toute la colline.
Fils de l'art, autodidacte, l'insatiable de l'histoire.
Voilà ta trilogie guidée par une volonté sibylline.
Ton inquiétude innée est la peur de décevoir.
Tu affrontes le quotidien toujours avec courage,
tu préfères l'ombre aux feux des projecteurs.
Des mystères de l'histoire tu parcours ses âges ;
peintures, livres, sont les clés de ton bonheur.
Ton protecteur est St Pancrace, non loin de là,
patron des voleurs, mais également des enfants.
Il te surveille, il te conseille, tu l'évites, le revoilà ;
car il t'aide à partager ton optimisme rayonnant.

À Guérin.

ξ

juillet 2020

ξ

Le rubis et les grenats

Ils scintillent tout autour du monde nos jolis grenats :
« la Joconde, le Taj Mahal, Petra, les pyramides »
et tant d'autres. Bien que ces pierres précieuses éblouissent
nombre de terriens. leurs éclats restent éphémères
dans notre esprit et dans le temps.
Elles n'ont pas l'éclat d'un cœur de rubis...
Ce ne sont que de jolis grenats.

Le BEAU est un pur rubis.

Le beau a l'assentiment du monde entier,
il représente l'universalité de l'émoi.
Il met les populations en extase et à genoux.
Si ce beau rubis était de notre monde, il serait la PAIX
et chaque Homme ne contesterait sa beauté,
car elle est universelle et sans discorde.
Ce rubis a pu exister à travers
les apparitions mariales historiques de quelques privilégiés.
Mais pour le commun des mortels, ce rubis se nomme
peut-être la foi en la bonté de l'Homme.

Novembre 2020

Le sablier

On le tourne, le retourne.
Le sable roule et coule jusqu'à sa moitié.
Moment fugace de son stade parfait ;
de son équilibre, nous sommes aux aguets.

Le mettre plan arrêterait le temps,
modifierait son équilibre incertain.
Il deviendrait banal le joli sable blanc.
Talisman féminin vivant d'un tournemain.

Grain par grain il coule dans son écrin,
nous l'observons et l'écoutons chanter.
Particules de bonheur ; gouttes de moulin
aliénant le cœur et nous faisant rêver.

On pourrait mettre nos mains en cornet ;
le laisser filer caressant nos doigts
mais le vent emporterait ce chapelet ;
féminité errante d'une vie sans joie.

Retournons savamment ces beaux ciboires.
Approchons les secrets de leurs allégories.
Écoutons s'écouler ces dunes d'espoir
à l'abri du vent et des intempéries.

mai 2012

ξ

Le sel de la mer

La sueur des hommes,
glissant de leur front
n'est pas un fatum
mais date de l'éon.
Les pleurs des femmes
perlant de leurs yeux
sont la peine des âmes
et des cœurs oublieux.
Fluides d'anthropoïdes
formant des chutes d'eau
aux tumultes chaoïdes
abreuvant de bleus joyaux.

ξ

Avril 2019

Le serpent d'eau

Il serpente furtivement et part en goguette.
La queue ressemble étrangement à la tête.
Un serpent boit l'eau, lui conduit l'eau
d'où son nom de serpent d'eau.
Celui dont je vous parle sort d'un cube de ciment
et glissé de ce bassinet,
ondule au jardin jusqu'au robinet.

Le temps de Daniel

À Corte, le temps s'était arrêté ;
nul bruit régulier dans les maisonnées.
Plus de tic-tac partout dans la contrée
seul restait le soleil pour se repérer.
Le temps filait et continuait d'errer
dans l'espace sans regarder Corte.
Puis vint un magicien aux doigts de fée
Le temps avait fini par l'envoyer ;
nous délivrant de cette obscurité.
Muni d'ancres et de beaux balanciers,
de loupes et burins à guillocher.
Il redonna la vie aux roues dentées
sur la lisse platine de trous percés
aux Rubis des frottements exposés.
Échappement si justement réglé
source de l'oscillation perdurée.
Jolies œuvres sur des étaux fixées
production de l'esprit de l'atelier.
Sous la lampe au fil de la journée
tu redonnas le temps banalisé
aux gens à qui la période fût ôtée.

Novembre 2017

C'était le soir de Noël.

Les quatre bougies brûlaient lentement.
L'ambiance était tellement silencieuse
qu'on pouvait entendre leur conversation.
La première dit : « Je suis la Paix » !
Je brille d'une lumière très claire,
Les Humains ne souhaitent pas la paix,
Et personne n'arrive à me tenir allumée.
Sa flamme se réduisit et s'éteignit.
La deuxième dit : « Je suis la Foi » !
Je suis devenue superflue, les humains
ne souhaitent plus connaître Dieu.
ma flamme n'a plus de sens.
Quand elle eut fini de parler, une brise
souffla sur elle et l'éteignit.
Triste, la troisième bougie se manifesta
à son tour : « Je suis l'Amour » !
Je n'ai pas de force pour rester allumée.
Les Humains m'ignorent ils ne voient qu'eux-mêmes
et plus ceux qu'ils devraient aimer.
Ils oublient mon importance !
Et sans plus attendre, elle s'éteignit.
Soudain... un enfant entre, et voit
Les trois bougies éteintes.
Pourquoi êtes-vous éteintes ?
Votre rôle est de brûler et non de vous éteindre !
En disant cela, l'enfant commença à pleurer.

Alors, la quatrième bougie parla :
N'aie pas peur, tant que j'ai ma flamme
nous pourrons allumer les autres bougies,
« Je suis l'Espoir » !
Avec des yeux brillants,
l'enfant prit la flamme de l'Espoir...
Il ralluma : la Paix, la Foi et l'Amour !
Que l'Espoir ne s'éteigne jamais en nos cœurs
et que chacun, chacune de nous, puisse raviver
les flammes de : La Paix, La Foi, et L'Amour !

Auteur inconnu

Lettre d'amour

Séparés par une mer
nos cœurs étaient amers,
Moi à Bastia toi à Marseille
notre amour en demi-sommeil.

Hier mon cœur était rempli d'espoir
Hier, la lune déposait son miroir
et je t'ai vu mon amour
sur une mer de velours.

Tu m'es apparue,
tout de noir vêtue
tenant une fleur,
la fleur du bonheur.

Aujourd'hui mon cœur déborde d'allégresse.
Aujourd'hui le soleil m'offre ta tendresse
et je t'écoute mon amour,
tel un enfant devant le jour,
cachant mon émoi,
au son de ta voix.
La voix de ton cœur qui fit mon bonheur

1973

Macaron

Mon père était unique, macaron sur la poitrine.
Pilote, il donnait la destination de la satisfaction.
Navigateur, il indiquait son plan de vol ; discipline,
Du long voyage du monde pour mon aérienne vision.

Qu'elle était longue cette attente du décollage,
Il réunissait tous les éléments pour un vol parfait.
Ce vol si important pour un père et son équipage.
Voir de haut la beauté des reliefs et de leurs excès.

Quelle prouesse de s'arracher à ce bitume collant,
Puissance, vitesse et légèreté en étaient l'équation.
Pour que ce bel oiseau domestiqué prenne son élan
Et nous donne l'ivresse majesté de l'accélération.

Ici et là, tout en bas « ce beau monde » cloîtré
pataugeait sur le marais de la mappemonde.
Puzzle aux limites tectoniques ou de barbelés.
Paysages uniformes et tristes limitant le monde.

Après ces longs tours de terre, enfin du vert bleu,
des nuages épars présageaient de belles ondées.
La visibilité était limpide, la terre passait aux aveux,
nous étions neuf milliards et tous joliment bariolés.

Ce n'était pas l'Éden, il n'y avait plus les animaux
Sauvages d'autrefois, juste des batteries grillagées

de poissons, de vaches, de volailles et de veaux.
De grandes baies vitrées faisaient office de légumiers.

Les mers étaient plus grandes et la nuit ; les continents
étaient tous dessinés d'une longue guirlande éclairée.
Les gens étaient maintenant sur le bord des océans.
L'intérieur des terres n'était plus qu'une lande désolée.

Déserts recouverts d'immenses mers noires et métalliques.
D'où, linéairement, vers l'océan allaient de noirs serpents.
Et dans la transparence des fonds marins chromatiques
étaient fichées des allées de girouettes dans les courants.

Près de la mer, c'est là que je veux aller c'est verdoyant.
Penses-tu que tout ce monde en bas a la même langue ?
Adorent-ils les astres ou autre chose de plus troublant ?
Ils ont tous la même silhouette et semblent sans gangue.

Prends ton parachute et saute, je repars faire un tour,
Je te laisse dans ton Éden, ils sont tiens et tu es leur.
Je serai là-haut, plus haut et de mes yeux d'autour
Je te regarderai naïvement comme à ta première heure.

Juillet 2010

l'étoile te guide, les ailes te portent, la couronne t'attend

∴

Maîtres

Gants blancs, cordon, chapeau à large bord,
compas en main en chambre du milieu.
Pièce de réflexions que ton esprit décore
d'universelles pensées montant aux cieux.

Te voilà grandi de sept ans et plus,
tu n'es plus élève mais un professeur.
Tes mots devront être justes sans plus,
ils seront instruits et pleins de bonheur.

Le travail est ta grande vocation
avec lui, tu seras toujours libre.
Devoir et servir seront tes passions,
et ta vie s'épanouira de leurs fibres.

Tu es le guide de la belle lumière,
tu l'apporteras aux gens de l'ombre.
Tu n'es plus désormais l'homme d'hier ;
on t'écoutera et ils viendront en nombre.

∴

mai 2016

Malagasy

Entité d'une langue aux quatre coins du pays,
mêlant gentillesse et dérive des démunis.
Béryl africain de l'océan Indien peuplé de rizière
et important du riz.
Tu abrites des hommes pieux aux femmes suaves.
Aux maisons de planches de briques et de torchis.
Tu respectes les morts garant de leurs souvenirs
par des tombeaux éclectiques qui racontent leur vie.
Préserve le berger ensoleillé de nuages, effleurant la savane,
dessinant sa richesse bâton sur l'épaule,
cornes pointées vers le ciel.
Sanctuaire du passé, il a écrit sur la terre
un des passages de la Pangée.

ξ

Massespacetemps

Holà chercheurs ! Comment allez-vous,
tout là-haut sur votre caravelle ?
Vous devez nous voir tout petits ;
si petits, confinés dans nos carapaces.
Sans cloison ni barrière,
vous êtes des particules s'éparpillant dans le ciel.
C'est votre raison, votre quête hasardeuse du Graal
et besoin d'espace.

Pouvez-vous entendre les suppliques
de la recherche appliquée ?
Elle attend toutes vos éclatantes visions ; gerbes d'artifice.
Et donner le signal pour nous tous de vos belles retombées.
Les ingénieurs ont hâte de nous placer dans vos bons offices.

Nous sommes prêts à accueillir toutes vos bienvenues,
toutes ces envolées, pour notre banal quotidien.
Nous vous laissons dans la clarté de vos nues
et prions tous pour de beaux lendemains.

ξ

Décembre 2007

Matins de Pâques

J'aime ces fins de gelées du printemps au matin
J'aime ce soleil timide veloutant mon jardin,
J'aime ces ombres qui diminuent sur les lapins,
J'aime ces matins où les mousses sont coussins
J'aime voir sur elles sauter l'écureuil malin,
J'aime être seul, cherchant les meilleurs recoins,
J'aime y déposer des gâteries pour bambins.
J'aime m'asseoir sur le banc gris du jardin
J'aime dès l'aurore tous ces effluves de thym.
J'aime cette table garnie d'agapes du matin,
J'aime ces petits-déjeuners fleurant bon le pain,
J'aime ces moments de penseur seul au jardin.

Avril 2018

65

Moizozo
(sur l'air de : au toi le pinzutu)

O toi le joinville,
Toi qui débarques sur notre île.
O toi le joinville ,
Toi qui arrives des grandes villes
Et prétends tout savoir
Et tout connaître en rien de temps
En te disant dans un sourire
C'est tellement petit pourtant.
La Calédonie joinville ?
Ce n'est pas seulement Nouméa, Ses ports et ses plages,
De Nouville à l'anse Vata.
C'est aussi son histoire
Qu'on raconte dans les veillées
Autour d'un feu de bois très tard
Où sous les cocotiers .
Si tu n'as pas vu,
Lors de la fête de Bourail Les stocks men
Jouant avec leur bétail.
Si tu n'as pas mangé
Le cerf au kikoman, le notou et l'igname,
En dégustant une number one.
Si tu n'as pas vu
Dans les forêts de niaoulis,
Errer la dame blonche, toute seule la nuit .
Alors ne dis surtout :
Jamais, jamais, jamais, Joinville

Que tu connais cette île.

05/10/88

ξ

Mon amante

Arielle, couleur de miel
beauté timide, pâleur du ciel.
L'onde de ta peau manque de sel,
ton corps est loin, presque irréel.

Mon lit est plat et désœuvrant,
draps aux souvenirs ondoyants,
de ce corps ivre d'enchantements
désireux du moindre attouchement.

Nos mains timides et délicates
dessinaient les berges de ton lac.
Tout doucement né d'un ressac
ton corps devenait cataracte.

Galbes soyeux et pudiques,
rondeurs à la beauté biblique.
Que Minerve entende la supplique
d'un homme, de ton corps fanatique

ξ

Juillet 1988

ξ

Mon cœur, ma vie, mon âme.

Pourquoi m'as-tu enfantée ? J'étais si bien en toi
Douillettement blottie, j'y aurais passé ma vie.
Neuf mois de bonheur, neuf mois d'intense joie.
Ne pouvant plus me garder, j'ai glissé sur le parvis.
Le parvis de la vie, m'offrant cette bouffée d'air.
Bouffée d'air étrangère ne venant pas de ton sang ;
claquant près du visage comme un fouet austère.
Je vais maintenant maman, grandir au fil du temps.
Enfin je perçois ton visage, avant je voyais ton âme ;
les deux sont des reflets aux sourires bienveillants.
Je me sens si faible dans ce monde homme-femme,
je ne suis plus en toi, ma protection est vacillante.
Prends-moi dans tes bras, j'ai toujours besoin de toi.
Je te serre très fort ; de ta peau donne-moi la force
d'affronter ce monde brutal, hostile, sans foi ni loi.
J'ai grandi dans ton bain de bonté ; une onde Corse
aux senteurs de confidence, d'amitié et d'amour.
Ce bel amour est le partage de ces belles années
avec toi mon cœur. Maman jusqu'au dernier jour
tu resteras ma vie, mon âme ; toi ma bien aimée.

Décembre 2019

ξ

ξ

Mon île

J'ai parcouru le monde, cherchant l'Éden sur Terre.
Traversé de belles contrées et vu de braves gens.
Arpenté de somptueux paysages beaux et clairs,
écoutant les histoires de ces peuples charmants.
J'ai pourfendu les écumes de toute la planète,
toutes aussi majestueuses que sont leurs nymphes.
J'ai donné plaisir à mes sens et rempli ma tête ;
de ces beautés, j'ai gorgé mon corps et ma lymphe.
Mais mon cœur restait vide et rien ne le remplissait.
Tout était là, rien ne manquait me semblait-il.
Sur le retour, j'eus la réponse que j'attendais.
De tous ces continents il me manquait mon île.

ξ

Novembre 2017

ξ

Nature

Tu es la vie,
me soulageant du fardeau des hommes.
Ces hommes que tu élevas de ton sein
et qui maintenant t'abandonnent.
Fils ingrats ne réalisant pas
que leur mère est au bord du trépas.

ξ

Avril 1971

ξ

Regards hagards

Toutes ces belles que j'ai croisées
aux teints frais et élégantes,
sur ma route dans la journée ;
Laissent ma langue pendante.
mes yeux agars de déboires
Je suis leurs belles silhouettes
porteuses de vains espoirs.
instants furtifs au goût de diète.
À quoi ont-elles bien pu penser
de ces brefs moments sécants,
où le cœur s'emplit d'alacrité.
Je ne sais car ne suis pas voyant.
Oh ! femmes, belle joie de la nature,
dont mes regards sont coutumiers.
Plaisir des yeux et belle pâture
alimentant les rêves de mon passé.

Octobre 2019

ξ

Rencontre d'une île

Femmes, de grâce ne soyez que femmes
quand vous venez doucement chez moi le soir,
suivies de vos parfums munies de vos armes,
accompagnées de vos complexes, de vos déboires.

Habillez-vous d'une île où il fait beau,
c'est la robe qui vous sied le mieux.
Laissez-moi naviguer aux grés de vos flots,
me dorer sur vos plages aux galbes soyeux.

Quand l'heure sera venue, que vous serez désert,
que votre corps dans la nuit deviendra ciboire,
soyez tumultueuses, inachevée de Schubert.
Vous ouvrirez les yeux et deviendrez Renoir.

Le matin, de son soleil vous habillera.
Mon radeau de fortune sera déjà bien prêt
à prendre votre large qui peut-être se fâchera.
Je suis parti, tenant bon la barre du regret.

Femmes de grâce ne soyez que femmes
quand vous venez doucement chez moi le soir,
suivies de vos parfums, munies de vos armes
car mon cœur est encore habillé de noir.

2013

Réveil satin

Oh belle de nuit , oh belle de jour
Vois en moi pour toujours...

Toute belle lorsque tu t'éveilles
tes cheveux ondulent ton visage.
Tel un enfant je m'émerveille
et n'ai pas envie d'être sage.

Au bain, les pointes de tes seins
sorties de l'eau, jeunes roseaux.
Tourne-toi que je vois tes reins
ma belle ondine satine de peau.

Une serviette épouse ton corps
sous des yeux hagards et songeurs.
Ces galbes me font souffrir encore
Je t'en prie ne me laisse pas voyeur.

Ma belle sirène, retournons au lit
la journée est belle dehors il pleut.
Sous cette couette, notre paradis
mon amour je serais demi-dieu.

Septembre 2019

La partie de boule
Sainte Jalle (Drôme provençale) été 2003

Il est 16 heures, il est grand temps, le devoir m'appelle sinon les doublettes et les triplettes seront déjà montées.

Ma femme aurait pu me réveiller surtout après le pastis, les farcis, et le Rasteau, le sommeil est lourd.

Le temps est sec, je prends les 690 lisses. Le café m'a ravalé le palais et ma langue est plus légère.

À peine un pas en dehors de la terrasse et voilà le soleil qui "m'en flashe", je réajuste mon bob légèrement humidifié, le cliquetis du gravier informe la maisonnée de mon départ, ce même bruit signalera mon retour vers 19 heures.

Le goudron de la chaussée colle à mes espadrilles qui, en quittant le sol, font un bruit de bouche pâteuse. Le village aplati de soleil est encore calme comme cette petite chapelle romane du XIe siècle, emblème de Sainte Jalle à l'architecture simple et trapue.

L'enfouissement des lignes électriques ne gâchera plus son âme et l'on ne verra plus sur les photos et les cartes postales, ces perchoirs à hirondelles.

En passant, je m'allège du sac-poubelle de la demi-journée, il peut y en avoir 3 à 4 par jour en ce moment car nous sommes quatorze en ces lieux et trois tentes tendues dans le jardin procurent aux enfants un dortoir supplémentaire.

Le balbutiement du tri des déchets ménagers est arrivé au village qui est doté de 3 bacs ; l'un pour les récipients en plastique, un deuxième pour les restes alimentaires et le dernier pour les contenants de verre.

Nous allons dans l'espace mais nous sommes à l'aube du tri automatisé de nos déchets. Il resterait à mettre au point une mécanisation qui engloutisse, qui trie, qui compacte et qui restitue la transformation de nos « inutiles ». Ce genre de projet pourrait être installé sur les parkings des grandes surfaces et nous permettrait, avant de mettre nos emplettes dans nos véhicules de restituer les emballages de nos courses à ce nouveau robot de la consommation, cette procédure semblerait intelligente et pratique

Tout en faisant les trois cents mètres qui me séparent du boulodrome, mon esprit se met à me raconter des histoires.

En cet été 2003, il fait très chaud et cette torpeur me rappelle mon séjour djiboutien.

Il paraît que Mars et la Terre se sont, cette année, donné un rendez-vous intime de 55,8 millions de kilomètres, le prochain aura lieu en 2287, dit-on… .

Cet évènement me fait penser qu'un jour nous y serons sûrement sur Mars pour l'aventure et sans doute par la force des choses.

La sauvegarde de la nature restera dans l'album de l'humanité non pas gravé à travers le temps comme les pyramides, mais sur d'autres supports que je ne soupçonne pas, peut-être des engrammes collectifs que nos cerveaux restitueront à la demande.

Il faut être un doux rêveur pour s'imaginer que l'on va sauver le panda et tous les autres, on prolonge juste leur sursis. En créant des réserves, on fabrique des musées en plein air.

Demandons à un enfant ce qu'est un animal nuisible ou ravageur, il aura sûrement du mal à nous répondre. Est-ce un animal démoniaque chimérique ? Non, c'est simplement un animal qui nous dérange et l'on pourrait faire le parallèle avec « les mauvaises herbes ». À travers toutes ces considérations déguisées, c'est bien à nous que nous pensons, à notre soif quotidienne de conquêtes qui nous fait oublier de nous préserver nous-même.

Heureusement, nous sommes encore sensibles au génie et aux diverses beautés de la nature qui nous laissent pantois.

Oh fan, qu'il fait chaud ! Cela doit être ce soleil qui me fait gamberger. Il paraît qu'avec cette canicule, 10 000 petits vieux et petites vieilles sont morts, il va falloir réquisitionner les camions et les hangars frigorifiques. Cet événement va sûrement ébranler notre conscience collective, cette nouvelle m'a rappelé un film d'anticipation : « soleil vert ».

Au Japon dans des temps anciens, les petits vieux devenus une charge étaient transportés à dos d'homme dans des paniers soigneusement tressés pour effectuer leur dernier voyage dans un ravin. Chez les Inuits, ils étaient abandonnés sur la banquise. Nous, nous sommes « plus nature », on attend une canicule.

Déjà cent mètres de fait à marcher sur du chemin gomme, je contourne le dépôt de pain auquel je me rends tous les matins. Dépôt qui se fait livrer le pain à huit heures, mais qui ouvre ses portes à 7 h 45 ce qui permet ainsi de papoter et d'acheter le journal. nous pouvons ainsi, tous assis dans la cour intérieure commenter la veille, la nuit, la journée d'aujourd'hui et bien sûr l'actualité du village, de la région, de la France, de l'Europe et même du monde, il est rare que l'on n'aille au-delà.

Cette première promenade de la journée me permet de retour à la maison de fournir des sujets de conversation à la famille quand celle-ci se réveillera. Je suis le facteur qui amène les vraies et les fausses nouvelles avec en prime une fougasse et un fendu et j'avais oublié : une revue estivale people pour agrémenter leur petit-déjeuner. Mais avant d'être le commissionnaire, il y a un moment privilégié : mon petit-déjeuner, pris dans une quiétude solitaire accompagné des bruits du petit matin devant une lecture, un café, du fromage, un œuf, une caillette et des fruits.

Ce petit-déjeuner s'accompagne également de civilités gestuelles envers les voisins et les passants, bref, un petit-déjeuner civilisé que l'on ne peut s'offrir qu'en vacances.

Puis mis en alerte par quelques bruits familiers, je laisse la place en terrasse pour le deuxième service : « thé, café, céréales et confitures » et je raconte.... .

J'aperçois maintenant les platanes qui laissent glisser un courant d'air frais. Cette allée ombragée n'a rien à envier au célèbre cours Mirabeau, elle est juste plus courte et il y a moins de circulation. Cet arbre majestueux venu d'Asie Mineure pour ombrager nos pistes cavalières et nos carrosses, rend maintenant certaines de nos routes douloureuses. Son écorce marbrée libère en tombant des zones claires vertes et jaunes de cambium qui inspira sûrement les militaires, spécialistes de l'art du camouflage.

Quoi qu'il en soit, à part son utilisation pour l'élaboration du contreplaqué, la fabrication de jouets ou d'articles ménagers, je crois que cet arbre est surtout sur terre pour ombrager les boulistes et leur offrir ses fruits secs lorsqu'ils ont oublié le bouchon à la maison...

Cet air frais aux senteurs arborées me signale que mon tee-shirt est déjà humide. À ce propos, ce sont cette année des tee-shirts fait maison plagiés et modifiés ou issus directement de l'inspiration picturale de ma femme, suivis d'un coup de scanner, de transfert, d'un coup de fer et voici l'affaire : 8 pommes stylisées entourant ce blanc maillot et sous chacune d'elles leur nom en 8 langues différentes. Le deuxième a des motifs de vagues également sous-titré en plusieurs langues ; de golf, die welle, onda, laine, l'onda... et bien sûr, la dernière est humaine, née dans un stade mexicain dans les années quatre-vingt : « la Ola ».

Si nous devions imprimer tous les noms des différentes langues européennes, il faudrait que nous nous lancions dans l'illustration des chemises de nuit, un tee-shirt ne suffirait pas.

Quelle belle Europe ; dont le dernier pays, à ce jour est la Pologne, nation proche de la France par son histoire rebelle, sa culture et par ce petit bout de femme prix Nobel et ancien professeur à la Sorbonne. Quelle belle Europe qui tous les jours avance à grands pas à l'échelle de l'histoire dont les anciens ont coulé la dalle et ériger les premières colonnes. Reste à une jeunesse tolérante, désireuse de voyage et d'unions sentimentales diversifiées à peaufiner ce patchwork.

Tiens cela me fait penser que j'ai oublié la langue anglaise sur mes 2 tee-shirts, une négligence de ma part sans doute.

Quant à la mondialisation, il ne faut pas mettre la charrue avant les bœufs, on peut commencer peut-être par motiver les femmes à devenir chef d'État, nous avancerions sans doute un peu plus vite et les hommes auraient plus de temps pour aller à la pêche, à la chasse, au golf, cuisiner, bricoler... inventer.

Inventer, quel joli mot, avec toutes les journées symboliques que nous avons, il n'existe pas de jour ou de semaine de l'invention, ce jour-là notre métier serait : « inventeur ».

Pas de grandes inventions, celles-ci arrivent à la fréquence des siècles mais des petits trucs qui font quand même avancer les choses, comme : le trombone de bureau, la chasse d'eau, le siphon, l'opinel, le portemanteau, le fil à couper le beurre, le tir bouchon, le stylo Bic... bref nous serions dans la lignée d'un grand inventeur bricoleur « Thomas Edison ».

Avec la semaine des 35 heures cela devrait être possible.

Je perçois maintenant des silhouettes connues aux teintes uniformes, l'une et debout les autres sont assises sur un ancien élément de parapet faisant office de banc. Mes yeux s'accommodent doucement à cette lumière sombre et fraîche.

Un, deux, trois, quatre, cinq, je ferai peut-être le sixième.

- Bonjour Serge ! Tu t'entraînes ?

- Salut Pascal ! Non, chez moi de tirer, c'est devenu tiqueux.

- Salut Marius ! Bonjour Pascal, alors de retour ?

Les poignées de mains s'enchaînent ; Lucien, Juliette, Alain... .

- Oh ! Pascal, tu es là pour longtemps ?

- Une dizaine de jours, cette année nous fêtons les 80 ans de Papi, nous arrivons de Savoie, de St Sorlin d'Arves exactement.

St Sorlin, quel bon et beau village qui en 20 ans a pris un sacré coup de « ressort économique », il n'est pas trop endommagé mais ce bouleversement a dû faire tourner la tête de certains de ses habitants poussés par cette trop rapide et nécessaire évolution.

Commune flanquée de ses aiguilles d'Arves et dominé par le glacier de l'étendard et le col de la croix de fer.

- Ah ! Vous deviez être au frais là-haut.

- Oh ! Que oui, nous suivions la chaleur d'en bas, devant la télé aux actualités du soir.

Quelles belles promenades nous faisions : Nous prenions les balancelles servant de télésièges l'hiver qui sans bruit, nous glissaient à contre-pente bien au-dessus des aulnes et des bouleaux nains.

Puis des alpages, clairsemés de meules cylindriques alignées par d'agiles tracteurs de montagne nous redescendions bien en appui sur nos talons.

Nos pas faisaient éclater des gerbes de petits criquets et faisaient fuir des lézards apeurés.

Senteurs des fleurs de montagne, cris stridents de marmottes, nous étions bel et bien au milieu une carte postale vivante.

La seule ombre à ce tableau champêtre était les nombreux tire-fesses qui ressemblaient l'été à des tourniquets de pressing pour géants.

La traversée des feuillus et la cloche du village nous annonçaient la fin de la promenade. Ce grand bol d'air nous suggérait maintenant de faire une halte à la boulangerie et à la fromagerie d'où nous ramenions ; un gros pain, du beaufort et des tartelettes aux myrtilles.

Les après-midi nous nous prélassions autour du plan d'eau artificiel du village qui était un atout pour garder un peu les estivants. C'est en ce lieu que j'admirai les courageuses baigneuses, les bras levés comme si elles étaient mises en joue et dont le corps frémissait à chaque petit pas gagné sur ce miroir de montagne. C'est là également que mon fils, du haut de ses huit ans dégotait toujours une grenouille qui lui servait de sauf-conduit pour aborder de futurs copains et copines.

Pendant ce temps idyllique, sur notre terre, il y avait quelques distorsions ; les Israéliens faisaient un mur, les

Palestiniens regardaient le mur. Ils mangent pourtant la même chose, aiment les mêmes femmes, comprennent sûrement leur langue respective mais ont besoin d'un paravent. Est-ce qu'un couple a besoin de paravent ?

Notre histoire s'est bâtie sur des mouvements de population ; la grande vague migratrice s'effectue en général d'est en ouest, mais en se modernisant cette houle a pris une direction sud nord. Ces montées des eaux orientées s'opéraient progressivement mais maintenant le temps trop rapide des voyages ne permet pas une adaptation sereine.

Il va bien falloir qu'un jour ces zones attractives invitent au festin ceux qui frappent à la porte.

Si un enfant s'amuse avec une arme de guerre, si un enfant fait connaissance avec la mort, si un enfant ne pleure plus, si un enfant est éduqué en suivant des cortèges motivés par la haine, qui et comment pourra lui expliquer que la vie commence par un acte d'amour. Ces enfants éduqueront à leur tour par la violence et la haine. Déjà, au plus gentil des hommes, vous lui mettez un fusil sur l'épaule et lui videz le cerveau, vous en ferez une « bête enragée », un enfant c'est pratique, son cerveau il n'y a même pas à le vider, il suffit de le remplir.

Quand va-t-on apprendre à unir nos enfants dans le consentement de leur logique amoureuse.

À ce sujet, nous avons beaucoup à apprendre des îliens de tous les océans du sud ou leurs sociétés sont de beaux exemples de mixité religieuses, raciales et culturelles.

Allez, on équilibre les triplettes : on met de chaque côté un tireur après on voit. Moi je n'ai pas de problème pour le tir vu

81

que je ne tire que le vin et les cailles. En triplette, j'aime bien être le second, car souvent c'est lui qui joue en dernier lorsque le décor est planté. Bien qu'à mon avis une partie se gagne au point, être second vous permet toujours d'être confrontés à des dilemmes dignes d'une pièce de Corneille. Être premier pointeur requiert les qualités d'un topographe psychologue car d'entrée, la première boule doit tout de suite semer le doute chez l'adversaire. lorsque c'est le cas, là vous avez le sentiment d'avoir bien joué et vous pouvez vous permettre quelques mimiques boulistiques : se frotter le ventre, se gratter la joue ou le menton.

Justement, c'est ce qui vient de se passer, elle ne l'a pas jetée celle-là. La Juliette se redresse en s'appuyant sur ses genoux, elle est fière comme un bar tabac avec son bob tricolore qui doit dater du passage du dernier tour de France à Nyons.

La boule est à 20, 25 cm du petit mais pas trop en face, bref, c'est une boule psychologique. Juliette n'a plus qu'à s'asseoir et commencer un tricot avant que l'on résolve le problème.

Quelque temps plus tard, après réflexion, notre tireur et meneur de jeux demande au pointeur d'aller au rond. Vous comprenez, un tireur c'est un être sensible qui réfléchit, ça se dorlote un tireur. C'est susceptible un tireur, on évite de le contrarier un tireur car s'il venait à manquer une boule par manque de concentration, de mise en condition, de soucis passagers, ce serait un drame. C'est pour cela que lorsque sa boule fait du bruit en tombant, il faut le féliciter chaleureusement.

Si le bruit est sec, sans écho, c'est peut-être un palet. Si le bruit siffle légèrement, il a juste esquiché. Si le bruit est sourd, il a fait une casquette. Si le bruit fait écho c'est qu'il a fait un contre. S'il touche l'une de nos boules c'est le déshonneur.

S'il manque la première, il faut tout de suite lui dire : « allez celle-là ». En triplette on ne peut lui dire ce genre de chose qu'une fois dans la mène puisque nous n'avons que deux boules chacun.

Tous les tireurs ont une manie dans leur transformation comme les botteurs au rugby. Souvent, si ce rituel est bien orchestré le tir peut être payant. Certains mâchouillent une allumette, d'autres ont une flexion automatisée de l'avant-bras, d'autres encore entrent dans le rond comme s'ils allaient porter une mariée. La main qui ne tire pas est très importante, elle apporte le tempo du balancé de bras, en effet, il est très difficile de tirer avec une main dans la poche.

Ce qui devait arriver arriva ; la boule de notre premier pointeur, Marius en l'occurrence, suit le dévers et vient délicatement mourir sur la boule de Juliette et gagne le point, celle-ci profite de l'occasion pour lui signaler en souriant qu'il est un peu trop près d'elle en ce moment. Alain, le deuxième pointeur de l'équipe adverse "jette" une boule, gagne le point et va s'asseoir discrètement sur le parapet. Pourquoi ont-ils tourné ? À Juliette, il lui restait une boule.

- Serge ! , on va y laisser toutes nos boules sur ce coup-là, il faudrait y tirer une fois, éclate-nous cette grappe.

Le tireur prend position puis ressort du rond répondant au salut de Maurice passant avec son tracteur débordant de bottes de lavande, il travaille... Maurice, mais il passe au mauvais moment.

Il travaille Maurice car la petite distillerie elle, elle n'attend pas, ne s'arrête pas jour et nuit ; elle souffle, elle tousse, elle inonde le village d'une odeur estivale qui vous monte à la tête.

La lavande, elle aussi, elle est pressée de rejoindre l'alambic magique qui insufflera de la vapeur d'eau dans l'intimité de la lamiacée pour en tirer goutte après goutte l'huile essentielle qui traversera les mers, ira jusqu'au bout du monde pour se cacher dans le fond d'un flacon avec les secrets d'une dame pour enivrer les hommes. Mais pour arriver jusqu'au vase florentin, il en a fallu du chemin... .

Au crépuscule de l'hiver, on ramasse les jeunes plants, toujours en altitude pour les repiquer dans une terre travaillée. Puis vient le temps du griffonnage en avril - mai et enfin les beaux jours arrivent annonceurs de festivité, c'est la mi-juillet ; la pleine floraison où les tracteurs sillonnent les champs, happant la plante odorante cousine du thym et de la menthe.

L'exaltation passée, il faut griffonner de nouveau, préparer la terre en enlevant les pierres, broyer les plus grosses ou en faire des murs. Les premiers froids arrivent, on sème les graines et il faudra attendre trois ans avant d'utiliser les premiers plants.

700 grammes dans chacune de ses mains, de nouveau tanqué, légère flexion des jambes, torsion, flexion du poignet, balancement du bras, ça y est la boule est en l'air suivie des regards de l'assistance. Clac ! En pleine tête, quelle gifle ! Les boules sont parties, celle de Serge est restée au cadre. On peut maintenant percevoir le son du mouvement gyroscopique des boules s'entrecroisant d'une main à l'autre dans le dos des joueurs, suivis de cliquetis métalliques d'approbation. Bien tiré Serge !

De nouveau, Juliette remet le couvert, sa boule est gagnante mais, elle a laissé une petite place. Allez Marius ! Fais plaisir et Marius nous fit plaisir avec un petit téton et là le Marius saisit l'un de ses index avec ses incisives pour étouffer son rire.

Lucien ne se pose pas de question, un petit tir souple sur la boule avec un léger rétro pour rester dans le cadre, touché... .

Mais le bouchon avance, il avance et c'est Alain qui prend le point avec sa boule qui était partie.

Quelque temps plus tard, notre planche à points fixée sur un platane nous indique 12 à 11 pour eux.

Serge, tel un automate qui ne fait pas de cadeau, lui met une deuxième gifle et reprend le point. La tension monte, il leur faut un point pour gagner et nous, deux. Nous avons 12 par terre et eux 12 au compteur. On tourne, on vire....

Lucien craque un peu et "jette" sa boule qui roule et s'éloigne du jeu. Il retourne s'asseoir sur le parapet la mine un peu tristounette.

- Allez Pascal, joues pas au touriste, tu rajoutes et l'on s'en va boire l'apéro.

Ah que c'est bon d'être en confiance, mon premier lancé est gêné car une feuille qui a bougé et un rai de lumière changent ma portée, ma boule grattonne et va se perdre. T'inquiète, je sors le joker. Je réfléchis un peu sur le passage le plus judicieux et lance ma boule mais celle-ci pousse la boule de Juliette qui prend le point.

13/12 pour eux, je n'ose pas croiser les yeux de mes partenaires. D'un regard d'en dessous, je constate que Marius a enlevé sa casquette pour frapper son pantalon et l'assistance murmure.

Merci Pascal... on plie les gaules et on s'en va. Le problème aux boules c'est que tout le monde veut gagner. Nous nous saluons et tête basse je prends le chemin du retour.

J'évite les cafés du village, il est 19 heures, l'heure critique pour le pastis ; bouteille de soleil, magie de la convivialité mais terrible pour ses effets secondaires féminins. Une pastissade, on en connaît l'heure de départ mais rarement l'heure d'arrivée...

J'aperçois Bernard dans son jardin.

- Alors t'as gagné !

Ça y est, lui, il te porte l'estocade.

« Ça va, ça vient, on fait aller, » lui dis-je, histoire de clore une conversation embarrassante.

Sacré Bernard, tout en blaguant, il improvise une cagette de tomates accompagnées de feuilles de blettes. Tiens prends ça ! Il y a du monde chez toi.

Je sais qu'il passera après le dîner manger une glace sur la terrasse.

De multiples cris d'enfants me préviennent qu'il faut que je renonce au calme, je vais me faire discret en attendant le repas.

Je me contenterai ce soir d'un demi-melon au porto accompagné d'une épaisse tranche de jambon de montagne, d'un bout de fromage de chèvre et d'un peu de côtes-du-Rhône.

Été 2003

Sorlinette

Sonnailles de Savoie l'été
où vas-tu donc pendant l'hiver ?
Restes-tu sous le plancher de la ferme ?
Libre à toi de te promener où tu veux.
Ingénue, tu pars en goguette sur les pistes,
nul ne t'ennuie, tu fais ce qu'il te plaît.
En souriant, tu glisses sur la neige,
Tu surprends les touristes ; une vache sur des skis !
Tout en glissant, tu prépares ton lait
et bonifies ton Beaufort hivernal.

Le passage

La foi permet à certains de mieux affronter la mort lorsque celle-ci montre le bout de sa faux.

Pour d'autres un support spirituel ou scientifique les aide à franchir ce pas.

Comme nous allons vers l'inconnu, toutes suppositions et toutes convictions sont appropriées puisqu'il nous faut, le moment venu, ouvrir le rideau vers l'immatériel avec un minimum de crainte.

Février 2020

ξ

u tragulinu

De bonne heure vaillant tragulinu
Comme le boulanger fait son pain,
Tu vas gagner trois francs six sous,
Tous les matins sur les chemins.
Arpentant plaines et montagnes,
Tu colportes à tous les nouvelles.
Tes nuits sont de courtes cocagnes
et le jour tu bichonnes ta clientèle.
Tes yeux pétillent sous ton chapeau
Et ton sourire malin les interpelle.
Tu ne laisses pas suinter la tristesse,
Tu es toujours de bonne humeur.
Semant aux alentours ta gentillesse,
Félicien ; tu es le roi des brocanteurs.

ξ

Avril 2018

ξ

U Mio Paese

Combien de fois ai-je pensé à toi !
Cher village souvent de toi éloigné.
Combien de fois m'as-tu fais pleurer.
Ô mon beau village bien aimé.
Je suis fier de te revendiquer mon village ;
Tu es symbole de fierté et de résistance.
L'histoire de tout village en Corse
n'a pas la douceur du bord de l'eau.
La pauvreté se donnait en partage,
les affrontements abreuvaient nos vallées.
Cette histoire a forgé des Hommes
aux visages burinés, aux muscles d'acier.
Des Hommes méfiants, avares de sourires
dont seuls les regards s'expriment.
Ne laissant pas entrevoir leurs cœurs,
pour résister aux blessures passées.
Mais lorsque leurs cœurs s'épanchent
ils deviennent des rivières de bonté.
Cette force qui est en nous se puise
dans le passé mouvementé de nos villages
et de leurs sols imprégnés de sueur.
Villages ensemencés sur une île
à la beauté changeante, sauvage,
paradoxale et envoûtante.
Qu'es-tu devenu mon beau village ?

Un gentil dortoir menant au mouroir.
On se dispute dans mon beau village
On se jalouse, on accumule les procès.
On ne fait que se croiser ; en attendant l'été.
Et pourtant, j'ai besoin de monter te voir
pour te respirer, boire ton eau
et caresser tes pierres.

Décembre 2019

ξ

Édition :

BoD – Books on Demand,
12/14 rond-point des Champs-
Élysées, 75008 Paris

Impression :

BoD - Books on Demand, Norderstedt, Allemagne

N° ISBN : 9782322406777

Dépôt légal : avril 2022

www.bod.fr

Réalisation et mise en page : Pierre Léoutre

Avec le soutien de l'association Le 122